Vom Jochen,
DER NICHT AUFRÄUMEN WOLLTE

Idee und Bilder von Ingeborg Meyer-Rey

Text von Edith Bergner

BELTZ
Der **Kinderbuch**Verlag

Für diesen Nachdruck wurde das Exemplar
der Staatsbibliothek zu Berlin
– Preußischer Kulturbesitz – benutzt:
B IIIc, 850⁴

Dieses Buch ist erhältlich als:
ISBN 978-3-407-77154-4 Print

© 2005 Beltz | Der KinderbuchVerlag
in der Verlagsgruppe Beltz · Weinheim Basel
Werderstraße 10, 69469 Weinheim
Erstmals erschienen 1957
Alle Rechte vorbehalten
Neue Rechtschreibung
Illustration und Einbandgestaltung: Ingeborg Meyer-Rey
Gesamtherstellung:
Beltz Bad Langensalza GmbH, Bad Langensalza
Printed in Germany
5 6 7 8   19 18 17 16

Weitere Informationen zu unseren Autoren und Titeln finden Sie unter:
www.beltz.de

Dies ist die Geschichte
vom Jochen, der nie
seine Spielsachen aufräumen wollte.
Am Abend lugte die Sonne zum Fenster herein.
Da lagen sie alle achtlos auf dem Fußboden:
                    das Auto Tütato,
                    die Trommel Wumbumbommel,
                    das Kasperl Klabasterl
                    und der Bär Brummelmähr.
                    Aber der Jochen
                    war nirgends zu sehen.

Die Mutter
suchte ihn überall.
Im Hof, im Garten
und auf der Straße.
„Komm herein!", rief sie.
„Es ist Zeit zum Schlafengehn."
Und alle Spielsachen riefen mit:
„Komm herein, Jochen!
Wir wollen schlafen gehen."

Jochen kam aus dem Garten
und machte ein böses Gesicht.
Das dumme Spielzeug!, dachte er.
Was geht's mich an?
Und die Spatzen pfiffen.
„Guckt! Das ist Jochen Liederjan!
Spielen will er den ganzen Tag.
Aber für seine Spielsachen sorgen
will er nicht!"

Dabei wusste Jochen ganz genau,
dass das Spielzeug
jeden Abend
in eine große Kiste
gehörte.

Das Spielzeug lag kreuz und quer
im Zimmer herum.
Schlimm sah es aus:
Auto ohne Räder,
Vogel ohne Feder,
Haus ohne Tor,
Pferd ohne Ohr,
Katz ohne Schwanz –
nichts war mehr ganz!
Und der Bär Brummelmähr
hatte sogar
das linke Bein verloren.

Jochen gab dem Spielzeug einen Schubs
und legte sich schlafen.
Aber kaum hatte er die Decke über die
Ohren gezogen – da bekam er ein
schlechtes Gewissen.
Schnell drehte er sich von einer Seite
auf die andere.
Das schlechte Gewissen blieb.
Er schloss die Augen –
das schlechte Gewissen folgte ihm
bis in den Schlaf.
Einmal fuhr er sogar erschreckt
aus den Kissen, weil er meinte,
die Stimme des Kasperl Klabasterl
zu hören.
Jochen liebte das Kasperl Klabasterl.

Es hatte eine lange Nas',
Augen voll Spaß,
Gesicht zum Lachen
und Streichemachen.

Doch nun lag es traurig auf dem Fußboden.
Jochen aber plagte das schlechte Gewissen.
Und weil er gar so unruhig einschlief,
begann er zu träumen ...

Er träumte, das Spielzeug würde plötzlich lebendig. Die Trommel Wumbumbommel trommelte alles in einen Kreis zusammen. Der Bär Brummelmähr hielt eine lange Rede:

Auto ohne Räder,
Vogel ohne Feder,
Haus ohne Tor,
Pferd ohne Ohr,
Katz ohne Schwanz –
nichts war mehr ganz!

Alle Spielsachen hörten zu. Und dann beschlossen sie, von Jochen fortzugehen, weil er sie so schlecht behandelt hatte.

Sie machten sich auch gleich auf den Weg.
Da kam ein Spatz geflogen und pfiff:
„Wo wollt ihr hin?
Geht zu den Nachbarskindern!
Dort habt ihr's besser als bei dem liederlichen Jochen!"
Und so geschah's.

Sie jagten über Stock und Stein.
Kasperl Klabasterl verlor ein Bein.
Jeder wollte der Erste sein.

Und dies waren die Letzten:
das rote Feuerwehrauto Tütato,
dazu der Elefant.
Er trug die Hexe Schwarzkleckse
auf dem Rücken.
Dem kleinen Spitz Weißwitz
war der Weg zu lang geworden.
Er setzte sich in den blauen Anhänger.
Der Affe Duddeldaddel
musste ihn schieben.

So kamen sie schließlich bei den
Nachbarskindern an.

Das alles
hatte Jochen geträumt.
Ganz deutlich sah er,
wie das Kasperl Klabasterl
– lange Nas' – Augen voll Spaß –
den Zaun hinaufkletterte.

Oben guckte es sich noch einmal um
und rief:
„Nie, nie mehr komme ich wieder!"
Dann sprang es den Nachbarskindern
in die Arme.

In diesem Augenblick
lugte die Sonne ins Zimmer
und zupfte
Jochen am Ohr.

Er sprang aus dem Bett,

guckte in die Kiste,

suchte
im ganzen Haus –

das Spielzeug war verschwunden ...

Da vergaß er Schuhe und Strümpfe, Hose und Hemd. Barfuß rannte er aus dem Haus. Denn nun war es gewiss: Der Bär Brummelmähr, das Auto Tütato, die Trommel Wumbumbommel und das Kasperl Klabasterl – sie alle wollten nichts mehr von ihm wissen. Sie waren über den Zaun geklettert zu Hans, zu Bärbel und Sabine. Jochen aber hatte kein Spielzeug mehr. Nie wieder würde das Kasperl Klabasterl mit ihm lachen und seine Streiche mit ihm machen.
Jochen lief, so schnell er konnte.
Er musste die Spielsachen wiederholen. Vielleicht war es noch nicht zu spät ...
Die Hühner stoben auseinander, als sie ihn kommen sahen.

„Gebt mir mein Kasperl Klabasterl
und all die anderen Spielsachen zurück!",
schrie Jochen.
Die Nachbarskinder machten
verdutzte Gesichter.

Und dann standen sie alle zusammen vor Jochens Mutter, die eben vom Milchholen kam.
Jochen erzählte, wie die Spielsachen in der Nacht davongelaufen wären.
Auf dem Dach saß der Spatz und rief: „Guten Morgen, Jochen Liederjan!"
Jochen wurde rot bis über die Ohren. Zwei dicke Tränen kullerten über seine Wangen.
Das tat Sabine Leid. Sie legte die Hände auf den Rücken und sagte: „Wenn wir dem Jochen helfen, die Spielsachen ganz zu machen – vielleicht laufen sie dann nicht mehr davon …"

Jochen schämte sich. Er dachte an das Auto Tütato, den Bär Brummelmähr, die Trommel Wumbumbommel und all die anderen Spielsachen.
Nie wieder wollte er sie schlecht behandeln!
Nie wieder sollten sie in der Nacht auf dem Fußboden liegen!
Da rief die Mutter Nachbars Hans heran und sagte ihm etwas ins Ohr.
Hans lief ins Haus ...
die Bodentreppe hinauf bis in den hintersten Winkel unterm Dach.
Dort hatte die Mutter Jochens Spielzeugkiste hingestellt.
Dort sollte sie bleiben, bis er aufhörte, ein Liederjan zu sein.
Hans zog die Kiste hervor und brachte sie in die Stube hinunter.
Der Affe Duddeldaddel klatschte vergnügt in die Hände.
Der Spitz Weißwitz guckte neugierig umher.
Und der Teufel Rotreufel hob ein Bein in die Luft.
Alle waren froh, dass die Nachbarskinder helfen wollten, sie wieder ganz zu machen.
Aber wie sollte das geschehen?

Jochen hatte ein Sparschwein,
das tönerne Sparschwein Isabell.
Viele Groschen lagen in
seinem Bauch.
Die schüttete Jochen auf
den Tisch.
Nachbars Hans, Bärbel und
Sabine sahen zu.
Dann berieten sie mit der Mutter, was sie alles kaufen mussten, um das Spielzeug wieder ganz zu machen.

Nägel fürs Tor,
Leim für das Ohr,

Nadel, Faden, Zwirn und Scher'
für das Bein von Brummelmähr,

Hammer, Zange, Bohrer, Feile
für zerbrochne Autoteile.

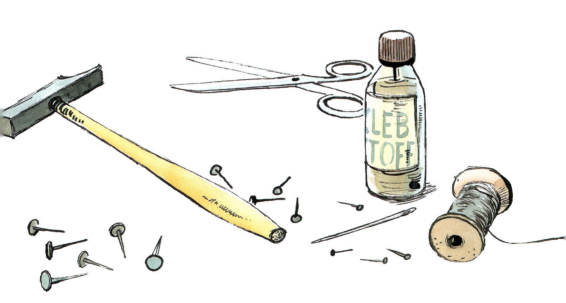

Jochen konnte kaum die Zeit erwarten, bis sie alles Handwerkszeug beisammenhatten. Er fasste Sabine an der Hand und lief mit ihr zum Kaufmann. Das Kasperl Klabasterl sollte Augen machen! Der freche Spatz hüpfte von Ast zu Ast und pfiff:
„Guckt, dort läuft Jochen …"
Da flog ihm eine Fliege in den offenen Schnabel hinein und er verschluckte vor Schreck sein

„… Liederjan".

Inzwischen
schleppten Hans und Bärbel
Tische und Stühle herbei.

Wenn die Nachbarskinder
nicht gewesen wären –
wer weiß, ob Jochen
sein Kasperl Klabasterl
jemals wiedergesehen hätte!

Aber nun begann ein Hämmern und Nageln,
ein Nähen und Kleben.
Im Nu war eine richtige Werkstatt entstanden.

Mit Nägeln fürs Tor,
Leim für das Ohr,

mit Nadel, Faden, Zwirn und Scher'
für das Bein von Brummelmähr,

mit Hammer, Zange, Bohrer, Feile
für die zerbrochnen Autoteile.

Am Abend baute der Vater Jochen
ein Regal für die Spielsachen.
Darin hielten sie alle Einzug:

> das Kasperl Klabasterl
> – lange Nas' und Augen voll Spaß –,
> die Trommel Wumbumbommel,
> der Bär Brummelmähr,
> das Auto Tütato,
> die Hexe Schwarzkleckse,
> der Teufel Rotreufel,
> der Spitz Weißwitz –

Der Affe Duddeldaddel
saß vergnügt obenauf
und winkte.

Von nun an hatten sie es gut.
Sie lachten und tanzten
und keiner lief mehr davon.
Auto mit Rädern,
Vogel mit Federn,
Haus mit Tor,
Pferd mit Ohr,
Katze mit Schwanz –
alles war ganz!
Der Jochen und die Nachbarskinder
aber – die wurden gute Freunde!